LE DOCTEUR

CONSTANT SAUCEROTTE

DE LUNÉVILLE

CHEVALIER DE LA LÉGION D'HONNEUR
MEMBRE CORRESPONDANT DE L'ACADÉMIE DE MÉDECINE
DE LA SOCIÉTÉ DE MÉDECINE DE NANCY, ETC.

NOTICE BIOGRAPHIQUE

Lue à l'Assemblée générale annuelle des Médecins de Meurthe-et-Moselle
et de la Société de médecine de Nancy, le 4 juin 1885

PAR

Le Professeur HERRGOTT

NANCY

IMPRIMERIE BERGER-LEVRAULT ET Cⁱᵉ

11, RUE JEAN-LAMOUR, 11

1885

LE DOCTEUR

CONSTANT SAUCEROTTE

DE LUNÉVILLE

CHEVALIER DE LA LÉGION D'HONNEUR
MEMBRE CORRESPONDANT DE L'ACADÉMIE DE MÉDECINE
DE LA SOCIÉTÉ DE MÉDECINE DE NANCY, ETC.

NOTICE BIOGRAPHIQUE

Lue à l'Assemblée générale annuelle des Médecins de Mourthe-et-Moselle
et de la Société de médecine de Nancy, le 4 juin 1885

PAR

Le Professeur HERRGOTT

NANCY

IMPRIMERIE BERGER-LEVRAULT ET Cie

11, RUE JEAN-LAMOUR, 11

1885

LE DOCTEUR

CONSTANT SAUCEROTTE

DE LUNÉVILLE

Peu d'entre vous ont eu l'avantage de connaître personnellement notre honoré et regretté confrère, le docteur C. Saucerotte de Lunéville, ce savant, cloué depuis de si longues années sur son lit de douleur, par conséquent éloigné du monde et de ses confrères. Des circonstances particulières m'ayant donné, il y a quelques années, l'occasion d'entrer en relations avec lui, et de faire sa connaissance, M. le Président m'a prié, au nom de la Société, de vous donner quelques détails sur la carrière de notre distingué confrère et sur ses travaux si nombreux et si variés. Charmé par son aménité, la finesse de son esprit, l'étendue et la solidité de ses connaissances, j'ai compris les succès rapides de sa jeunesse, la situation élevée de son âge mûr, et ai déploré d'avoir vu douloureusement brisée depuis si longtemps par la maladie, une carrière qui promettait d'être si brillante.

Nicolas Saucerotte, chirurgien du roi Stanislas, membre de l'Académie de chirurgie, du Conseil de santé des armées, de l'Institut de France, depuis sa création, une des gloires médicales de la Lorraine, était parti pour l'armée avec cinq de ses fils quand, en 1792, la patrie fut en danger. Après quarante-cinq ans de service, il se retira à Lunéville et il y mourut le 15 janvier 1814, en voyant arriver sur la place qu'il habitait le premier cosaque de l'invasion ; près de lui se trouvait, à ce moment, un enfant de dix ans, son petit-fils Constant, né à Moscou, qui, après nos revers, était rentré en France avec son père.

Celui-ci, Victor-Joseph, cinquième fils de Nicolas, étudiait la médecine à Strasbourg, quand il fut appelé par les levées en masse de la première Révolution. Il servit dans un bataillon de volontaires de la Meurthe, fit la guerre en Vendée, fut blessé au siège de Valenciennes, puis passa à l'armée des Alpes ; à la paix générale, il rentra à Lunéville. Grand était alors l'embarras de cet élève en médecine, dont les études, à peine commencées, avaient subi une interruption si longue et si complète. Il ne se sentit pas le courage de tout recommencer ; il fit comme beaucoup d'autres à la même époque, il se résigna à ne cultiver qu'une branche de la médecine, celle où ses études anatomiques pouvaient être utilisées, et pour laquelle une grande adresse manuelle lui donnait de l'aptitude ; il se fit dentiste, se maria et alla chercher fortune à Moscou, c'est là que naquit son fils Constant. Ses succès furent tels qu'il ne tarda pas à s'y faire une situation enviée. La guerre générale devenant menaçante, il rentra en France en 1810. Après la paix, il retourna en Russie, se fixa à Saint-Pétersbourg, où il devint le dentiste des Impératrices Marie, veuve de Paul Ier, et Élisabeth, épouse d'Alexandre Ier. Il rentra définitivement à Lunéville en 1820. Son occupation de prédilection d'alors, fut de soigner l'éducation de son fils qui donnait les plus belles espérances ; celui-ci termina, en 1824, ses études classiques par la philosophie, au collège royal de Nancy, où professaient alors : de Caumont, de Haldat, Cuvier, qui fut plus tard pasteur de l'Église réformée à Paris. La même année, il commença sa médecine à Paris ; il eut pour condisciples Malgaigne et Collard, de Martigny, et plusieurs jeunes gens qui acquirent depuis un nom respecté et dont quelques-uns vivent encore : MM. Fabvier, Jacquiné, de Landrian, Pariset, Toussenel, de Saint-Vincent, etc. Chez l'étudiant en médecine ne tardèrent pas à se manifester deux goûts qui, plus tard, prirent un grand développement et influèrent sur la direction de ses travaux : celui pour la diffusion des connaissances, et celui pour les abstractions philosophiques. Il était encore sur les bancs de l'école quand il publia, en 1827, une *Hygiène populaire* qui fut couronnée par la Société pour l'instruction élémentaire, et une *Étude sur la nature et le siège du rhumatisme musculaire*, insérée dans les Bulletins de la Société anatomique. Cinquante années plus tard, Besnier (art. RHUMATISME, *Dict. encyclop.*) cite ce travail comme point de départ d'une doctrine nouvelle adoptée sur cette question.

Mais ce fut dans sa thèse inaugurale (*Essai sur les altérations des liquides*) qu'il se révéla comme penseur et comme homme courageux.

Il faut se reporter à l'année 1828 et rappeler l'élan de la jeunesse médicale à la suite de Broussais, l'entraînement exercé par la voix ardente du novateur et par le double attrait de la simplicité et de la nouveauté de la doctrine, pour comprendre le courage de celui qui osait résister au torrent et avertir du danger vers lequel on se précipitait. Son langage est aussi ferme au fond que digne dans la forme :

« Il n'est pas de notre objet, dit-il dans l'avant-propos de sa
« thèse, d'examiner si l'auteur de l'*Examen* resta dans la voie
« d'une observation sévère lorsqu'il fit de l'irritation la base im-
« muable de la pathogénie ; il nous suffit de dire qu'au milieu
« d'un entraînement presque général, des esprits froids ou ins-
« truits par l'expérience à se tenir en garde contre le prestige du
« système, crurent trouver dans l'observation scrupuleuse des
« faits un démenti formel à la doctrine exclusive de l'irrita-
« tion. »

Ainsi, c'est au nom de la méthode philosophique que fut attaquée, par le jeune candidat, l'œuvre colossale du réformateur, en démontrant par l'observation rigoureuse, que des altérations graves avaient été laissées en dehors de la doctrine, que la base trop étroite de l'édifice devait, d'un moment à l'autre, en entraîner la ruine.

Le choix de ce sujet et la manière de le traiter révèlent un esprit élevé, se complaisant dans les méditations philosophiques, et un rare discernement dans ce qu'il y avait de plus important à étudier à cette époque ; ajoutons que ce travail inaugural fut comme la base d'un grand nombre d'autres travaux, dans lesquels l'auteur trouva l'occasion de nombreux et brillants succès, comme nous allons le voir.

L'attention du public médical était éveillée sur ce sujet de palpitante actualité et sur le jeune docteur qui l'avait envisagé d'une manière si élevée.

La même année (1828), la Société de médecine de Paris mit au concours : *les Altérations des liquides dans les maladies*. M. Saucerotte revit son travail inaugural, le compléta et l'adressa à la savante Compagnie qui le couronna.

Après la soutenance de sa thèse, M. Saucerotte revint à Lunéville et s'y maria, le 25 du mois d'août, avec sa cousine. Peu après, il renonça volontairement à la pratique de l'obstétricie et à celle de la chirurgie pour ne s'occuper que de médecine ; 18 mois après, en 1830, la chaire de philosophie étant devenue vacante au collège de Lunéville, il la sollicita et l'obtint ; sa vie se trouva ainsi réglée suivant ses goûts et ses aptitudes ; il pouvait donner satisfaction au désir de vulgariser par son enseignement les connaissances les plus difficiles à exposer, et apprendre à la jeunesse ce qui est le plus nécessaire : la discipline de l'intelligence, et porter ses propres méditations et ses études sur les sujets les plus élevés de l'art, en y apportant un jugement droit et sûr et le goût d'un lettré délicat, qui donnent une si grande valeur et tant d'attrait à ce qui est sorti de sa plume élégante et facile.

En disposant ainsi sa vie intellectuelle, il fit preuve d'une grande prévoyance et d'une rare perspicacité. Heureux ceux qui peuvent, dès le début de leur carrière, régler ainsi leur vie, pour en parcourir les phases dans la même direction !

Peu après sa nomination comme professeur de philosophie, il fonda au collège l'enseignement de l'histoire naturelle, composa un petit traité pour les écoles primaires, dont cette année même, la maison Delalain publie la 21ᵉ édition. En 1835, il publia les *Éléments d'histoire naturelle à l'usage des collèges* qui n'eut que 2 éditions, parce qu'une publication identique venait d'être faite par une maison de librairie de Paris. Il fit, avec ses élèves, de fréquentes excursions pour les initier à ces études. Cette manière de les instruire lui valut des témoignages de haute satisfaction de la part de M. Isidore Geoffroy Saint-Hilaire, les palmes d'officier d'académie, puis celle d'officier de l'instruction publique, comme « récompense de ses travaux scientifiques et de la distinction avec laquelle il remplit dans l'enseignement les fonctions dont il est chargé[1] ». Rien n'était plus attrayant, plus instructif, que l'enseignement de la philosophie et de l'histoire naturelle donné par M. Saucerotte, m'a dit un de ses anciens élèves ; les heures de la classe passaient trop vite devant cet homme si aimable, si instruit et si intéressant.

Mais revenons à ses études médicales qui, en ce moment, sont pour nous la chose la plus importante. En 1829, il publia l'*Éloge de Lepois (Carolus Piso)*, doyen de la Faculté de médecine de Pont-à-Mousson depuis la fin du XVIᵉ siècle jusqu'au commence-

---

1. Lettre de M. Caresme, recteur.

ment du xviie. Ce travail, adressé à l'Académie de Stanislas, fut couronné par elle. L'année suivante (1830), la Société de médecine de Caen, qui avait proposé, comme sujet de concours : *la Gastro-entérite chez les anciens et les modernes*, couronna le mémoire que Saucerotte lui avait adressé ; la même année, la Société de Bruxelles, qui avait mis au concours un *Essai sur les progrès de la médecine depuis un demi-siècle*, honora d'une mention honorable le travail de notre collègue.

Se conformant au précepte d'Hippocrate et suivant l'exemple qu'il donne dans le fameux *Traité des airs, des lieux et des eaux*, Saucerotte voulut étudier le théâtre de son activité médicale et, en 1833, il publia une *Topographie médicale de Lunéville et de son arrondissement*. L'Académie de Stanislas accorda une nouvelle couronne à ce travail si intéressant et si utile.

En 1834, l'Académie de médecine lui fit l'honneur de se l'associer en le nommant membre correspondant. En accordant cette haute distinction à un jeune docteur qui n'avait pas encore trente ans, la célèbre Compagnie a voulu honorer ses travaux sérieux, ses succès et aussi son courage à résister à l'entraînement général ; peut-être s'est-elle souvenue de l'aïeul illustre qui avait honoré la profession, la science et le pays ; toujours est-il que cette distinction fut pour Saucerotte un stimulant puissant, et un encouragement à persévérer dans sa voie laborieuse qui fut poursuivie dans plusieurs directions à la fois : celle de la médecine, de la philosophie, de la littérature, de l'organisation de l'instruction en France et de l'économie politique ; il pouvait dire avec Térence : *Nil humani a me alienum puto*.

C'est dans les questions mises au concours par les Académies et les Sociétés locales qu'il trouva l'orientation de ses travaux de médecine, car, quand elles font appel au zèle des travailleurs, c'est pour résoudre les questions litigieuses qui surgissent des préoccupations du moment.

Notre confrère s'empressa de répondre à ces appels, s'appliqua avec ardeur et talent à résoudre ces problèmes toujours difficiles, souvent très délicats ; il y trouva, avec de brillants succès, l'occasion d'exercer sur la marche de la science une influence heureuse dont l'origine se perd si facilement dans les transformations qu'elle subit journellement en se développant, mais que l'histoire doit signaler.

En 1835, l'Académie de Dijon avait mis au concours : *la Spé-*

cialité dans les maladies ; M. Sauccrotte envoya un mémoire sous le titre modeste d'*Essai sur la spécialité dans les maladies* et emprunta à Andral, comme épigraphe, la pensée suivante : *Sous ce rapport, on n'en est encore qu'à l'entrée de la science, mais il me semble que c'est déjà un progrès que de le sentir.* De ce travail qui a remporté le prix, il ne reste plus que l'analyse du rapporteur insérée dans les *Mémoires de l'Académie des sciences, arts et belles-lettres*, de Dijon, année 1836, qui se termine par ces paroles (p. 289) : « Ce mémoire est très remarquable par une dialectique serrée, par de savantes recherches habilement mises en œuvre, par un style ferme, non dépourvu d'élégance. Cet ouvrage sort évidemment des mains d'un médecin exercé, versé dans les sciences médicales, et d'un esprit orné. Il est précédé d'une introduction dans laquelle l'auteur prouve, et ses preuves sont presque des démonstrations, l'insuffisance du dichotomisme, base du système de Broussais, pour fonder la science, et la réalité de la spécialité dans les maladies. »

En 1837, l'Académie de médecine de Paris accorda la grande médaille de bronze et une mention honorable à un mémoire de notre confrère sur l'*Influence de l'anatomie pathologique sur les progrès de la médecine depuis Morgagni jusqu'à nos jours*, travail qui n'a pas moins de 112 pages in-4° et qui est inséré dans le tome VI des *Mémoires de l'Académie*.

Une chose restait désirable pour notre jeune et savant confrère : un champ d'observation clinique dans un service hospitalier, où les vues théoriques et les médications nouvelles pouvaient trouver la consécration la plus solide ; le 14 septembre 1838, il fut nommé médecin en chef de l'hôpital civil et militaire de Lunéville, dont son illustre aïeul avait été pendant si longtemps le chirurgien brillant et habile. L'augmentation de la garnison de la ville venait de donner à ce service une importance considérable.

Appelé des hauteurs de la spéculation philosophique et de la théorie pure sur le terrain de l'observation, son esprit, si bien préparé, ne tarda pas à trouver une ample moisson de faits intéressants et d'expérimentations utiles, dont il fit part au public médical dans le *Bulletin général de thérapeutique*, la *Gazette médicale de Paris* et la *Gazette hebdomadaire*. Son nom acquit rapidement une notoriété honorable en France aussi bien qu'à l'étranger, si bien que quand, en 1846, le célèbre Henschel commença, à Breslau, la publication d'un journal d'histoire et de littérature médicale, qu'il nomma *Janus,* il demanda à M. C. Saucerotte la permission de l'inscrire comme collaborateur français avec Littré et Daremberg. La lettre qu'écrivit à notre confrère le savant professeur allemand, est aussi honorable pour le premier que pour le second.

Le 11 juillet 1844, il fut nommé membre de la Société de médecine de Nancy.

Néanmoins, c'est toujours l'histoire et la philosophie médicale qui furent les sujets de prédilection de ses méditations, qu'expliquent sa compétence spéciale et les succès qu'il en avait obtenus.

En 1843, la Société de médecine de Caen avait mis au concours : « Faire l'historique et la critique de la révolution opérée dans l'enseignement de la médecine par la médecine physiologique ». Cette grosse question fut remise au concours l'année suivante et trois lauréats obtinrent une médaille d'or, MM. Le Pelletier de la Sarthe, Saucerotte, et Coste de Bordeaux. Le travail de notre confrère, revu et augmenté de considérations sur l'histoire philosophique de la médecine, sur l'hippocratisme moderne et sur l'enseignement historique de la médecine, fut publié en 1847 ; il forme un volume de près de 300 pages.

L'adversaire de la doctrine est plein de respect pour son auteur : « Cette grande et forte intelligence, faisant marcher de front, dit-il dans sa préface, page iii, à son début dans sa carrière, la vie des camps et celle du savant ; les fatigues et les périls de la guerre avec les spéculations du cabinet ; mettant à profit une halte au bivouac, quelques instants de loisir dans un hôpital, pour amasser les matériaux de cet ouvrage monumental, où déjà se trouvait en germe une doctrine destinée à changer en quelques années la face de la science... » Quel regret de ne pouvoir évoquer ici quelques pages dans lesquelles sont faits en termes éloquents l'historique et la critique de cette célèbre doctrine et où Broussais est apprécié comme philosophe !

En 1848-1850, l'Académie royale de médecine de Belgique avait mis au concours : *Étude de l'influence que les sciences physiques et chimiques ont exercée sur la connaissance de la nature intime et sur le traitement des maladies.*

Le mémoire envoyé par Saucerotte fut couronné en 1852 et inscré dans les *Mémoires de l'Académie.*

En 1863, Saucerotte publia un livre intitulé : *l'Histoire et la Philosophie dans leurs rapports avec la médecine,* où il cherche à prouver que la médecine et la philosophie sont deux sœurs dont le bon accord est nécessaire à l'accomplissement des destinées humaines. L'auteur a réuni, après y avoir mis la dernière main, quelques-uns de ses travaux antérieurs. Plusieurs avaient été les premiers jalons de voies nouvelles dans lesquelles d'autres l'ont suivi. Parmi ces travaux, il faut citer : *Du Rôle de la médecine et des médecins dans l'histoire*, les *Rapports de l'économie politique avec la physiologie et l'hygiène*. Cette dernière question est devenue, au Congrès de La Haye (1884), l'objet d'une étude plus complète de la part d'un éminent médecin français, le D' Jules Rochard (*De la Valeur économique de la vie humaine*). Dans ce livre, notre regretté confrère nous a paru avoir atteint au point culminant de son talent d'écrivain.

Qui se douterait, en voyant tant de travaux et d'autres que nous avons à mentionner plus loin, que celui qui en était l'auteur avait, dès 1843, été en proie à de cruelles souffrances qui le forcèrent, dès 1860, à quitter sa chaire de philosophie, en 1862 son hôpital et la vie active de la pratique, et à mener pendant plus d'un quart de siècle une existence des plus pénibles sur son lit qu'il quittait à peine, conservant la plus aimable sérénité et étonnant ses rares visiteurs par le charme de sa conversation ? C'est dans cette triste solitude, qu'en 1866, il reçut la décoration de la Légion d'honneur, qui lui prouva que ses services n'étaient pas oubliés, et que lui arrivèrent, par l'organe de M. Grandjean, président de la Société de médecine, les félicitations du corps médical de la Lorraine réuni comme aujourd'hui en assemblée annuelle.

Réduit presque à l'immobilité, Saucerotte ne pouvait se résoudre à l'inaction, le travail resta sa consolation, le théâtre sa seule distraction, et sa famille sa joie ; il y trouvait toute la douceur des soins les plus tendres, et c'est avec bonheur qu'il voyait son fils marcher dignement dans sa voie, jouir d'une confiance méritée et honoré par vos suffrages, si bien qu'il a pu s'appliquer la consolante pensée d'Horace : *Non omnis moriar ;* mais dans ses moments de tristesse causée par ses souffrances, c'est dans le travail qu'il se réfugiait. « Si je n'avais pas mes livres, me dit-il dans une de mes dernières visites, il y a longtemps que je n'existerais plus. »

La littérature a toujours eu pour lui un grand attrait. En 1844, il a composé sous le titre : *Avant d'entrer dans le monde*, un roman sous la forme d'un voyage en Amérique, où deux amis sortis des bancs de l'école, étaient mis en contact dans le nouveau monde avec l'application des théories sociales prêchées par le réformateur anglais Owen.

C'est de cette manière aimable et gracieuse qu'il a voulu conseiller ses jeunes amis au moment où ils allaient quitter son enseignement qui terminait leurs études ; touchante sollicitude du maître qui leur tendait encore la main au delà de l'enceinte de l'école !

Plus tard, en 1881, il publia une élégante brochure sur les *Médecins au théâtre depuis Molière,* montrant dans ce reflet de la vie réelle que la profession avait trouvé dans la société une situation en harmonie avec son savoir, laissant bien au-dessous d'elle celle des médecins de notre grand poète comique, puis il étudia les *Médecins pendant la Révolution,* œuvre qui n'a pas encore été publiée, mais qui le sera l'année prochaine.

L'organisation de l'instruction publique en France a été une de ses grandes préoccupations, à laquelle il n'a cessé d'appliquer son expérience et sa sagacité.

Dès 1835, il avait publié dans le *Journal général de l'instruction publique* (26 février, nº 35) un plan de réforme de l'enseignement secondaire dont voici la conclusion :

« 1º Notre système d'éducation secondaire *essentiellement littéraire* et accessoirement scientifique, doit être à la fois LITTÉRAIRE, « SCIENTIFIQUE et INDUSTRIEL pour satisfaire aux besoins nombreux « et variés d'une civilisation aussi complexe que la nôtre ;

« 2º La division des études est le seul moyen d'entrer franche« ment dans une voie large de réforme, et de rendre ces études « profitables à tous et non plus seulement à une faible minorité ;

« 3º L'étude des langues anciennes, qui sert encore de base à « l'éducation commune, n'y doit entrer que comme SPÉCIALITÉ. »

Dans une note écrite en 1863, qui accompagne cet article conservé par lui, notre confrère apprécie l'*enseignement secondaire spécial* créé par M. Duruy, qui réalisait en partie son programme tracé depuis 20 ans. Cette note se termine par les réflexions judicieuses que nous croyons devoir transcrire : « L'enseignement se« condaire n'est pas un noviciat, c'est une préparation à toutes « les carrières. Il doit offrir toutes les connaissances qu'il est in« dispensable de posséder dans les diverses voies offertes à l'activité « humaine... Son but est atteint s'il nous rend aptes à entrer dans « les carrières diverses ; à ce point de vue, la dénomination d'en« seignement *spécial* donnée par l'honorable ministre à son nou« veau programme d'études ne paraît pas fondée. »

Ainsi, depuis près d'un demi-siècle, les nécessités nouvelles de l'enseignement secondaire étaient parfaitement précisées et caractérisées, et ce devoir social légué par les siècles passés était adapté aux nécessités du nôtre par ce judicieux professeur.

Non moins attentif au développement politique de la France dans la situation nouvelle créée en 1848, qu'à l'évolution de la science, il a fait connaître en 1868, sur un sujet qui reste toujours une grave préoccupation pour tous, sa pensée résumée sous forme d'une brochure qui a pour titre : *Les Classes moyennes dans la démocratie moderne, des causes qui menacent leur influence, des conditions qui peuvent la maintenir.* « Ce serait chose redoutable que la démocratie, dit-il page 9, si l'on entendait désigner par là l'intrusion violente d'une multitude ignorante dans les affaires du pays ; l'oppression des classes éclairées par la force brutale du nombre. » A ce malheur, il voit un remède dans les devoirs qui sont imposés à la bourgeoisie ; elle doit s'instruire elle-même d'abord des lois de l'économie sociale, montrer par ses lumières, sa moralité et son dévouement « qu'elle est digne de marcher à la tête de la civilisation ; se dévouer à la classe populaire, et prouver par ses actes que l'amélioration des classes nécessiteuses, la défense de leurs intérêts matériels, intellectuels et moraux sont sa préoccupation la plus constante. »

Trois années à peine après éclata, au milieu de nos malheurs, la terrible insurrection de la Commune à laquelle il appliqua son étude, qu'il publia dans une nouvelle brochure intitulée : *De la Guerre sociale et des moyens d'en écarter la menace.* En face de ce danger soudain, qui a failli être fatal à la France, à l'Europe et à la civilisation tout entière, ces moyens sont pour lui encore ceux qu'il avait indiqués, et dont il recommande l'application d'une manière plus pressante.

La solution de ce problème n'est malheureusement ni si facile ni si simple, cela ressort de la distinction si judicieuse qu'il a faite lui-même des couches du prolétariat, dans lesquelles il trouve à l'étage *supérieur,* comme disent les géologues, les *théoriciens* du socialisme, convaincus, peu accessibles à toute influence, ardents à la propagande et à l'action ; *au milieu,* la couche la *plus sensée* attachée à ses devoirs, mais indifférente, en majorité dans les campagnes, en minorité dans les villes, qui pour agir attend une impulsion du dehors ; à l'étage *inférieur,* le *sauvage* ignorant et brutal, brisant les machines et se ruant sur la société à la moindre excitation.

Qui ne voit qu'un même moyen ne peut convenir à des états si divers, que les droits politiques ont été plus vite étendus que la capacité de les exercer; combien, par conséquent, il eût été désirable que le prolétariat eût pu avoir été modifié par l'instruction et tous les moyens moralisateurs, avant qu'on mît entre ses mains ce pouvoir redoutable par son influence numérique, d'où dépendent les destinées de la patrie? Érasme, au XVIe siècle déjà, avait parfaitement parlé de ce colosse ignorant, mobile et puissant que le crayon de son ami Holbein a représenté d'une manière si saisissante [1].

Son *Étude sur Montaigne* occupa les dernières années de sa vie et il eut la satisfaction de terminer son œuvre qui sera publiée bientôt.

Une amélioration assez sensible de sa santé lui permettant de nouveau de sortir en voiture, il en profitait pour se rendre à la bibliothèque de la ville, pour continuer à se livrer à l'étude; il étonnait le public studieux par son ardeur au travail.

Cette amélioration ne fut que de courte durée, les douleurs reparurent, et avec elles cette fois de l'inappétence et un affaiblissement progressif, qui le maintint inactif dans son lit. Le 3 novembre 1884 il cessa de souffrir; il avait 80 ans.

Dans la préface de son livre *l'Histoire et la philosophie dans leurs rapports avec la médecine*, nous avons trouvé citée par lui une pensée qu'il avait empruntée à Pline et qui peut caractériser sa carrière, bien qu'elle n'ait pas été l'excitant de son travail : « *Linquamus aliquid, ut nos vixisse testemur*, laissons quelque chose comme témoin de notre vie. » Le labeur incessant de cette longue existence laisse en effet après elle la trace lumineuse de son influence sur le développement de la science. Le nom de C. Saucerotte ne saurait disparaître dans l'oubli en France, et encore moins dans cette province et dans cette Société, où il restera honoré par le talent, le caractère et le travail.

1. *Stult. Laus.* Basil., 1780, p. 89.

セ— 14 —

Publications du Dr Constant Saucerotte.

1827.

Hygiène des classes industrielles, couronnée par la Société pour l'instruction élémentaire. 16e édition en 1880 sous le nom de *Petite Hygiène des écoles*.

Mémoire sur le siège du rhumatisme musculaire. (*Bulletin de la Société anatomique.*)

1828.

Essai sur les altérations des liquides. (Thèse inaugurale.)

1829.

Essai sur les altérations des liquides de l'économie animale considérées dans leurs causes et dans leurs effets. (Mémoire couronné par la Société de médecine de Paris.)

Éloge de Charles Lepois (Carolus Piso), couronné par l'Académie de Stanislas (revu et publié en 1854).

1830.

De l'Éclectisme médical. (*Journal hebdomadaire.*)

De la Gastrite et de la gastro-entérite au point de vue des doctrines anciennes et modernes. (Mémoire couronné au concours ouvert par la Société de médecine de Caen.)

Essai sur les progrès de la médecine depuis un demi-siècle. (Mémoire auquel la Société de médecine de Bruxelles a accordé une mention honorable. Inédit.)

1833.

Topographie médicale de Lunéville et de son arrondissement. (Mémoire couronné par l'Académie de Stanislas.)

1834.

Petite Histoire naturelle des écoles primaires. (21e édition en 1884.)

Éléments d'histoire naturelle à l'usage des collèges. (2e édition en 1835.)

Leçons élémentaires sur l'histoire naturelle à l'usage des institutions de demoiselles.

1836.

De l'Influence de l'anatomie pathologique sur les progrès de la médecine. (Mémoire auquel l'Académie royale de médecine a accordé la médaille en bronze du fondateur du prix et l'insertion dans ses *Mémoires* [t. VI].)

Essai sur la spécialité dans les maladies. (Mémoire couronné par l'Académie des sciences et arts de Dijon. Inédit.)

1837.

Tableau synoptique des races humaines.

Petite Physique des écoles. (14e édition en 1884.)

1841.

Guide auprès des malades. (4e édition en 1863.)

1844.

Avant d'entrer dans le monde. (Roman philosophique.)

1845.

Aperçu sur la réorganisation de la médecine en France.

1847.

Histoire critique de la doctrine physiologique. (Ouvrage couronné par la Société de médecine de Caen.)

1851.

De l'Influence que les sciences physiques et chimiques ont exercée sur la connaissance de la nature intime et sur le traitement des maladies. (Couronné par l'Académie royale de médecine de Belgique et inséré dans ses *Mémoires*.)

1852.

Des Indications dans le traitement de la pneumonie. (Mémoire auquel la Société de médecine de Bordeaux a décerné une médaille.)

1853.

Étude sur Bichat.

1854.

Étude sur Pinel

1858.

Lunéville et sa division de cavalerie. (Ouvrage auquel le ministre de l'agriculture et du commerce a accordé une médaille comme « à un travail hors ligne « qui peut être considéré comme l'une des topographies médicales les plus subs- « tantielles et les plus instructives qui aient été jusqu'à présent fournies par les « départements ».)

1859.

De l'Assistance publique dans les campagnes.

1860.

Coup d'œil sur les progrès de la thérapeutique pendant la première moitié du XIXe siècle.

1861.

La Saignée et ses détracteurs.

1863.

L'Histoire et la Philosophie dans leurs rapports avec la médecine.

1867.

Des Colonies agricoles de jeunes détenus.

1868.

Les Classes moyénnes dans la démocratie moderne, des causes qui menacent leur influence, des conditions qui peuvent la maintenir.

1871.

De la Guerre sociale et des moyens de la prévenir.

1881.

Les Médecins au théâtre depuis Molière.

DE 1833 A 1884.

Collaboration à l'*Encyclopédie des gens du monde*, au *Dictionnaire de la conversation* (articles d'histoire naturelle); à l'*Encyclopédie catholique*, à la *Biographie générale* (histoire et biographie médicales); à la *Gazette médicale de Paris* (1836-1876), à la *Gazette hebdomadaire de médecine et de chirurgie* (1878-1883), au *Bulletin de thérapeutique*, au *Journal de la Société française d'hygiène*, etc.

OUVRAGES INÉDITS ET EN COURS DE PROCHAINE PUBLICATION.

L'Esprit de Montaigne.
Les Médecins pendant la Révolution (1789-1799).

Nancy, imp. Berger-Levrault et Cie

NANCY, IMPRIMERIE BERGER-LEVRAULT ET Cᵉ.